AF260203

Oc
898

EXPOSÉ

DE LA CONDUITE POLITIQUE

DU MARQUIS D'ARNÉVA,

Pendant la Révolution d'Espagne.

A PARIS,

P. N. ROUGERON, Imprimeur de S. A. S. Madame
la Duchesse Douairière d'Orléans, rue de l'Hiron-
delle, N.º 22.

1817.

EXPOSÉ

DE LA CONDUITE POLITIQUE

DU MARQUIS D'ARNÉVA,

Pendant la Révolution d'Espagne.

LE désir de rentrer dans les bonnes grâces de mon Souverain, l'amour de la patrie, la défense de mon honneur, et les coups portés contre ma réputation par ceux qui, en se prévalant de l'impossibilité de me défendre, en abusent pour en tirer de grands avantages, m'obligent à publier une relation sincère de ma conduite politique depuis l'an 1808. J'espère qu'elle servira à réfuter tout ce que la malveillance a pu répandre sur mon compte et à mon préjudice, pour surprendre la religion du Roi et de ses Ministres.

Je me trouvois à Madrid le 2 mai 1808 au nombre des Maëstrantes (1) qui, par ordre du Roi, étoient dans la capitale à cette époque. J'en sortis le 7, et j'arrivai le 13 à Valence. Aussitôt je fus instruit confidentiellement, par les chefs de la province auxquels j'étois

---

(1) C'est la réunion de la haute noblesse de la Province, à la tête de laquelle est un des enfans d'Espagne sous le titre de *Hermano mayor*, Frère majeur. L'objet de cette institution est d'occuper et d'instruire un gentilhomme.

1.

uni par les liens du sang et de l'amitié, de l'arrivée *incognito* du général Don Antonio Escaño. Il étoit chargé par la Junte de Gouvernement de pourvoir aux moyens de s'opposer aux projets du Duc de Berg. On s'en occupoit, quand le premier courrier qui arriva apporta au général Escaño l'ordre de rétrograder, et d'abandonner tout projet de défense. Ce même courrier étoit porteur de lettres du Grand Duc de Berg au général commandant à Valence, avec des feuilles périodiques séduisantes, et des offres flatteuses, si celui-ci secondoit ses intentions.

Sa réponse se borna à solliciter qu'on le dispensât des fonctions que sa santé ne lui permettoit plus de continuer; mais la rapidité des événemens fut telle, que le courrier suivant apporta la circulaire du Conseil de Castille, concernant l'abdication. Abdication qui, comme on sait, causa une explosion générale.

Le général commandant la province de Valence auroit désiré mettre à profit les bonnes dispositions du peuple; mais son désir étant contrarié par l'obéissance due à des autorités reconnues et déléguées par S. M. le Roi Ferdinand, lors de son départ, il balançoit sur le parti à prendre pour atteindre le but convenable.

Les malveillans saisirent ces momens d'incertitude pour cacher, sous le voile du patriotisme, leurs vengeances et leurs ressentimens personnels. Craignant les conséquences de l'anarchie, n'étant retenu par aucunes fonctions publiques à Valence, ma présence étant d'ailleurs nécessaire dans mes terres situées dans le Diocèse d'Orihuela, je jugeai à propos de m'y transporter, attendant que le Gouvernement voulût m'envoyer des ordres, et pour éviter ainsi que l'on attribuât à mon influence une partie des dispositions qu'il auroit pu prendre.

Mais ce même acte de prudence fut une occasion, pour les méchans, de me placer dans la cathégorie de ceux qu'ils appeloient *partisans des Français*. Mon départ de Madrid, qui eut lieu le 7 mai, mon éloignement des chefs à vingt-sept lieues de distance, devoient me mettre à l'abri de cette accusation ridicule, dénuée de tout fondement. Dans ces entrefaites, et à mon approche de la ville d'Elche, je reçus du Capitaine Général de Valence l'ordre de me rendre à Orihuela, afin d'activer l'enrôlement. En même-temps la Junte établie à Orihuela, apprenant que je me trouvois dans les environs, me pria d'assister à ses séances. Elle venoit de me nommer un de ses membres, « eu égard, disoit-elle, au zèle patriotique, » à l'amour et aux bons sentimens reconnus dans ma « personne pour le service de Dieu, celui du Roi et » de la Patrie », comme on peut le voir dans les Pièces justificatives N.° I. et II. (1).

----

(1) J'avois exercé les fonctions de Vice-Président de la Société Economique, celles de Major Général des cordons de santé sur les places de Carthagène, Alicante, et les

Animé par le zèle le plus pur, je me présentai dans l'assemblée d'Orihuela, le matin du même jour 29, et offrant ma personne et mes biens, je donnai de suite 20,000 réaux, 1,000 onces d'argenterie, trois mulets pour les trains d'artillerie, et je fis aussi l'offre de 18,000 réaux par an : le tout conste des Pièces N.ºs II et III.

Qui auroit pu soupçonner que le soir du jour de ma réception solemnelle, le soir de ce jour que je donnois tant et de si grandes preuves de mon patriotisme, on devoit m'avertir que le baron d'Albalat, accusé d'attachement pour le parti français, ayant été assassiné à Valence, d'après les lettres qu'on venoit de recevoir, moi, son ami, je devois partager son sort le lendemain à Orihuela, si je n'évitois cet attentat par la fuite. Je ne fis aucun cas de cet avis, parce que ma

---

rives du Xucar ; je formai et je commandai les trois bataillons de volontaires d'Orihuela, lors de la guerre contre la République française, ainsi que le régiment provincial du nom de la ville d'Orihuela, et du nom de celle d'Alicante.

J'avois rempli les charges de Député de la Noblesse dans les Juntes Suprêmes de Police, de Santé, et des ouvrages du port, et l'emploi de Lieutenant de Maestranza (*Voyez* la Note première) pour Son Altesse Royale Monseigneur l'Infant Don Antonio, dans les années 1790 et 1805.

Voyez l'Etat de services à la fin des Pièces justificatives sons le N.° XI.

conscience n'avoit rien à se reprocher, et que je n'a-
vois pas encore éprouvé les inconséquences incroya-
bles, la précipitation, la férocité de l'anarchie. Le
lendemain dès le matin, à cinq heures, je vis mon
hôtel cerné par des furieux qui menaçoient mes jours.
Heureusement qu'ils voulurent bien se contenter de
mon arrestation dans la maison du comte de Pino Hermoso. Le 1.er juin, la Junte de Valence *apprit, à son
grand étonnement,* disoit-elle, *cet événement, et ordonna à celle d'Orihuela de publier et de faire connoître par des affiches aux communes, que si la
Junte Suprême m'avoit chargé d'une commission
aussi délicate et aussi importante, c'étoit parce
qu'elle avoit à se louer de mes services, et qu'elle
étoit bien pénétrée de ma loyauté et de mes bons sentimens* (N.° II).

Cependant ce qui venoit de se passer fit sur mon
cœur une profonde impression, et comme la mé-
fiance, qui en étoit une conséquence, doit influer
d'une manière active sur mes démarches ultérieures,
qu'il me soit permis d'insérer ici deux mots sur ce qui
a pu me désigner comme complice du baron d'Albalat.

La source de cette malveillance a son commence-
ment presque dans le temps des premiers maux qui
ont pesé sur l'Europe. Le coup fatal qui renversa
Louis XVI ébranla presque tous les trônes de l'Europe, et dès-lors même on dut présenter une ligue
formidable pour prévenir des effets aussi funestes. La

Convention avoit armé la France en masse; et lorsque Figueras nous fut enlevé, le Duc de la Roca proposa de prendre à Valence une mesure semblable à celle de la Convention, en organisant des corps de volontaires dans les provinces, à quoi je contribuai avec zèle en ma qualité de commandant des trois bataillons de volontaires d'Orihuela; je versai des fonds dans la caisse du corps, j'offris de mes forêts tout le bois de construction qu'on pourroit en tirer, et quoique en ma qualité de Maëstrante je contribuasse déjà à l'entretien de deux cents soldats de l'armée de Catalogne, j'armai en outre à mes frais deux cents volontaires du corps que je commandois, ainsi qu'il résulte de la proclamation imprimée à Orihuela le 8 septembre 1794, par laquelle je les excitois à imiter mon enthousiasme.

La paix étant signée avec la République française, le Roi voulut bien récompenser le zèle du royaume de Valence. Il réduisit ces corps à six régimens de milices provinciales, leur accordant les mêmes avantages et prérogatives que son auguste aïeul avoit accordés aux provinces de Castille, qui s'étoient distinguées par de si grands efforts en faveur de ses droits.

Par un ancien préjugé (quel qu'en soit la cause), on regardoit cette preuve de confiance de la part du Souverain comme un désavantage pour la province qui la recevoit. D'après ce préjugé, la capitale de Valence présenta des obstacles au moment de l'organisation de ces milices; mais, ne partageant pas cette opinion émanée du préjugé, et ayant reçu l'ordre du Roi de seconder le général chargé de cette commission, j'obtins que les villes d'Alicante et d'Orihuela, lieux de ma naissance et où sont mes biens, demandassent ce que la ville de Valence refusoit d'admettre. On donna le nom de ces deux villes d'Alicante et d'Orihuela à deux régimens, dont je fus nommé le chef d'après leur proposition. Au bout de quatre mois, ces régimens furent portés au complet, et une partie tint garnison dans la place d'Alicante. Ceux qui soutenoient une opinion contraire aux ordres du Roi, enhardis par des révoltes populaires, forcèrent le gouvernement à abandonner son projet; en conséquence, ceux qui, comme moi, s'étoient prononcés en faveur de la cour, en la soutenant de toute notre influence, afin qu'on lui obéît, restèrent exposés à leurs cruels ressentimens.

L'esprit de vengeance avoit donc dès-lors désigné les victimes, et la révolution d'Espagne vint leur mettre à la main un poignard dont ils pouvoient frapper impunément au nom de la patrie. L'anarchie est le comble de l'ivresse des passions populaires, elle produit les mêmes effets que celle du vin. Cette passion provoque à la vengeance, et pour mieux frapper ses coups, elle prodigue toujours à sa victime le nom odieux du parti que le peuple déteste dans les circonstances du moment. Pouvoit-il être suspect d'attachement aux Français, celui qui avoit fait de si grands efforts pour armer la province de Valence contre la

république française, et qui s'était empressé de contri-
buer de sa personne et de ses biens aux efforts de la
nation espagnole? Nul rapport pouvoit-il exister entre
ma conduite et celle du baron d'Albalat, quoique ce
dernier fût mon ami , puisque ce fut à leur prière
et à celle d'autres amis, autant que par mon zèle et
par mon obéissance aux autorités, que je soutenois les
vœux de la nation dans une junte patriotique? Le
peuple qui ne raisonne jamais, et encore moins dans
ces circonstances, suit dans son délire les perfides
insinuations du premier démagogue qui flatte ses passions, et il sacrifie très-souvent ses vrais amis et les
meilleurs patriotes. Combien de ce nombre n'ont-ils
pas été victimes à Valence et dans toute l'Espagne de
la fureur du peuple mal dirigé! Que d'hommes d'un
mérite bien reconnu ont été enlevés à la patrie par
un tel aveuglement?

Malgré toute l'injustice dont j'avois à me plaindre,
mon zèle ne se ralentit point. Ainsi, voulant obéir
aux ordres de la junte de Valence, je me dirigeois sur
Carthagène (N.º IV.) pour accélérer l'envoi des se-
cours réclamés par la capitale, qui se voyoit menacée
par les armées françaises. Je me pressois d'y arriver,
lorsque je fus arrêté au village de la Palma , sur l'avis
qu'on avoit reçu de ma persécution à Orihuela. Deux
commissaires de la place de Carthagène vinrent
reconnoître les ordres dont j'étois porteur ; et m'ayant
manifesté que ces ordres avoient été déjà exécutés,
je rétrogradai, et je m'estimai très-heureux de ne pas

voir une ville où la fureur populaire venoit aussi de
sacrifier Don Francisco de Borja, capitaine général
de la place. Dès ce moment je fus destiné à l'état-major
de l'armée, commandée par Don Pedro de Llamas
N.° V.), où je restai jusqu'à ce que ce général en
remît le commandement au général Don Francisco
Castáñes dans la ville de Tudéla. Le général Llamas
et moi nous nous rendîmes sur la fin d'octobre à Madrid (N.° VI.), où me trouvant lorsque les Français
s'y présentèrent, je fus placé au Retiro, où je fus fait
prisonnier le 3 décembre 1808, et ce ne fut qu'attendu
mon âge et ma qualité de retiré sans aucun traitement, que j'obtins ma liberté sous ma parole d'honneur (N.° VII.).

En vérité, ce ne fut pas tant ma parole qui me lioit
que l'état valétudinaire de ma personne, suite des mauvais traitemens que j'avois essuyés à la Palma et à
Orihuela, qui me détermina à ne pas prendre le parti de
la fuite ; et ainsi je préférai le préjudice que mon absence devoit porter à mes biens, plutôt que de m'exposer à de nouvelles persécutions qui auroient pu
compromettre mon existence et mon opinion. D'un
autre côté, ma santé ne me permettant pas de servir
dans les armées, comme il étoit notoire, et que d'ailleurs les événemens qui avoient eu lieu à mon égard,
m'ayant ôté toute mon influence, ne me laissoient
plus à même de servir en dernier lieu la cause à laquelle j'étois attaché, je jugeai plus à propos de rester
dans l'état de nullité dans lequel les circonstances
m'avoient jeté.

Mais ni cette conduite, ni la circonstance de n'a-
voir donné aucune soumission au nouveau gouvernement de Madrid, déjà reconnu par toutes les autorités, qui lui jurèrent fidélité au nom de la population,
ni de n'avoir sollicité qu'on me confirmât dans mes
grades et prérogatives, tout cela ne put arrêter mes
ennemis personnels. Ceux qui convoitoient mes biens
prirent ce prétexte pour se les approprier, et ils pro-
cédèrent au séquestre des biens d'un homme qui, par
dévouement à la cause qu'ils défendoient eux-mêmes,
avoit abandonné sa maison et son bien-être, et qui se
voyoit dans l'alternative ou de perdre sa liberté, ou
d'être exposé, s'il manquoit à sa parole, au ressentiment du nouveau chef régnant.

Ce procédé me fit connoître combien l'animosité
de mes ennemis étoit active, et les nouveaux dan-
gers auxquels je me verrois exposé en rentrant dans
mes terres. Ainsi, manquant de moyens pécuniai-
res, et craignant qu'on ne m'obligeât à prêter serment à Joseph, ou bien qu'on ne me conduisît prisonnier en France, en m'ôtant l'espoir de servir
ma patrie, je me déterminai à la fuite, et j'allai
m'établir sur la frontière du royaume de Valence.
De ce pays qui n'étoit pas occupé, je pouvois deman-
der la liberté de mes biens ; ce qu'ayant obtenu,
je comptois aller résider dans une des villes de l'Andalousie.

C'est dans ce dessein que, dans le mois d'octobre 1809, je me rendis à Villagarcia, d'où j'adressai
mes réclamations avec des pièces à l'appui. Mais

comme on tardoit à y faire droit, et que ce retard me portoit un préjudice notable dans l'esprit de mes ennemis, et même dans l'esprit des habitans de la ville dans laquelle je résidois, et où je courus de nouveaux risques de la part de certains marchands de bétail qui venoient de Valence, le passage d'Andalousie étant obstrué par suite de la bataille d'Ocaña ; et, exaspéré par tant de contrariétés et d'injustice, dans mes malheurs et dans l'état de ma santé affoiblie, je ne vis d'autre asile que la maison de ma sœur la Marquise de Villalopez. J'adoptai donc le parti de retourner à Madrid, ce qui eut lieu au mois de décembre.

Mais ma sœur succomba, le mois de janvier suivant 1810, au chagrin qu'elle éprouva lorsqu'elle fut détenue au couvent de Saint-Domingue pour la punir de son attachement à S. M. Ferdinand VII. Je devois après sa mort représenter ses droits auprès du Gouvernement de Madrid, et de celui de Napoléon qui s'étoit emparé de mes biens en Catalogne ; il me falloit donc, ou donner ma soumission, ou sinon perdre avec ces biens l'unique asile qui me restoit, et m'exposer à être déporté en France, sans aucun avantage pour le Roi, et livrant à ses ennemis des biens et des droits que je défendois par le moyen de la soumission.

Je me rendis à l'empire des circonstances, je me rendis à l'effet que les événemens d'Orihuela et de la Palma avoient fait sur ma partie physique ; je me rendis comme s'étoient rendus les Grands de l'Espagne ;

comme les habitans de Madrid (1), à qui personne ne reprochera de manquer de courage et de loyauté. Mais l'époque à laquelle je me rendis, les circonstances qui y contribuèrent, et ma conduite postérieure, offrent une preuve non équivoque de l'espèce de violence qui

---

(1) *Voyez* les deux pièces qui suivent.

Discours de Don Juan Xaramillo, Corrégidor de Madrid, au nom de la ville de Madrid, du corps de la Noblesse, de l'Etat ecclésiastique, des cinq Corporations majeures et mineures, des habitans des Paroisses et des Quartiers.

Sire: la ville de Madrid toute entière s'est portée dans les églises. Son premier sentiment a été de remercier le ciel de la clémence dont Votre Majesté a usé envers la capitale, et à laquelle nous avons dû d'échapper aux malheurs qui nous menaçoient. Son second sentiment a été de jurer fidélité et obéissance au Roi Joseph. Nous avons l'honneur de présenter aujourd'hui à V. M. I. et R. le registre qui contient 27,500 signatures de tous les pères de familles et de tous les chefs de maisons établies dans la capitale. La ville de Madrid sera fidèle à son Roi; elle nous a chargés de porter cette assurance aux pieds de V. M. et de promettre, en son nom, que ses sentimens ne changeront jamais. Un Prince qui réunit toutes les grandes qualités qui distinguent notre Roi; qui, par son alliance avec V. M., nous assure une paix perpétuelle sur le continent; qui est imbu de tous les sentimens généreux et de tous les principes d'une bonne administration, peut seul

m'entraîna à un acte que je retardai autant qu'il me fut possible. Je jugeai, peut-être avec erreur, que c'étoit obéir aux ordres de mon Souverain, que c'étoit conforme aux motifs généreux sur lesquels ces ordres

---

assurer le bonheur de l'Espagne et rétablir la prospérité de l'Etat. La ville de Madrid toute entière vous supplie, Sire, de lui confier la personne du Roi. Le bonheur de l'Espagne ne recommencera que lorsqu'il sera rendu aux vœux de ses sujets. A dater de ce jour seulement, l'Espagne aura l'espérance d'être pour jamais à l'abri des malheurs qu'entraînent les factions, les désordres civils et les coupables tentatives des mauvais citoyens (*Extrait du Moniteur du 25 janvier* 1809).

Discours du Marquis de las Amarillas, au nom du Conseil de la guerre.

SIRE : le Conseil Suprême de la guerre a obtenu avec une vive reconnoissance l'honneur qu'il avoit sollicité d'offrir aux pieds de V. M. I. et R. ses respectueux hommages, et ses plus humbles actions de grâce pour la clémence avec laquelle V. M. a traité la ville de Madrid.

Il joint ses supplications à celles des Représentans de Madrid, pour que V. M., par un effet de son auguste bienfaisance, rende le bonheur à cette capitale et à son district, en lui accordant la présence de son Roi Joseph I.ᵉʳ, afin que sous son gouvernement nous jouissions de la tranquillité et des avantages que nous en attendons, et dont la nation Espagnole a un besoin si urgent dans les circonstances actuelles (*Extrait du Moniteur du 25 janvier* 1809).

étoient fondés , et à l'exemple offert par les autorités que S. M. nomma lors de son départ.

Mais comme la nécessité de se rendre n'entraîne pas celle d'aimer le pouvoir devant lequel on plie , ce seul acte ne peut me faire considérer comme fauteur ou partisan , ni me distinguer du nombre considérable d'Espagnols qui donnèrent avant moi cette même soumission , ou de ceux qui la donnèrent après ; puisque l'acceptation d'une décoration d'autant plus insignifiante , qu'elle n'étoit qu'honoraire (N.°VIII) , n'est pas un motif suffisant pour me placer dans la cathégorie de ceux qui concouroient par devoir à faire exécuter les ordres du pouvoir reconnu. Ceux-là répondront de leur conduite. Quant à moi, le but de mon acceptation étoit de chercher un appui à mes réclamations , et un titre pour m'excuser d'accepter tout autre emploi. J'en profitai pour ne pas accepter la commission de présider la Junte Générale de la Préfecture de Cuença (N.° IX).

Malgré toutes ces preuves qui démontrent qu'on ne sauroit me considérer comme fauteur, ni partisan par ma qualité de Marquis, je me trouve condamné à une peine égale à celle qu'on m'imposeroit si j'avois tiré l'épée contre mon Souverain , ou si j'avois vendu sa confiance ; mais heureusement on ne peut pas me prêter de semblables actions sous aucun rapport , même à l'égard des Cortès que je ne reconnus jamais: d'après cela j'ai le plus grand espoir que le Roi daignera m'accorder la grâce que j'implore pour moi et

pour

pour mon épouse (1) victime d'une crainte si naturelle dans son sexe, et de sa persuasion qu'il étoit de son devoir d'adoucir mes peines.

Il me semble à propos de répondre aux trois charges qui résultent de l'exposé rédigé par les Cortès s'opposant à la rentrée dans le royaume d'Espagne à la suite du Roi Ferdinand, des Espagnols qui étoient en France ; voici les trois charges :

1.º Avoir ajouté foi à des abdications, et avoir obéi à des ordres qu'on devoit supposer être l'effet de la violence.

2.º Avoir pris une part active au gouvernement usurpateur, et avoir abusé, au préjudice de la nation et des concitoyens, des emplois obtenus sous sa domination.

3.º Avoir émigré sous les drapeaux ennemis, quand ils furent chassés du territoire.

Quant à la première, et pour ce qui me regarde, l'historique de ma conduite répond suffisamment. L'acte d'apprécier la valeur des abdications étoit de la compétence des autorités dans lesquelles Sa Majesté plaça sa confiance au moment de s'absenter du royaume : il n'étoit pas permis à un individu de refuser l'obéissance, ni de préférer une autorité qui se constituoit d'elle-même, à celle déléguée par son Souverain légitime. Pour faire un chef d'accusation de lui avoir

____

(1) *Voyez* le Placet daté du 17 mars 1815 , copié sous le N.º X.

obéi , il faudroit renverser tous les principes de la monarchie.

La réponse à la seconde charge se trouve dans la nature des attributions de la décoration que j'obtins (1), son acceptation étant le seul acte de soumission que je fis, puisque je n'ai prêté aucun serment. Un chambellan n'administre les fonds publics , il n'exerce aucun pouvoir politique ni militaire, il n'a aucune part dans les conseils, il ne met en exécution aucun ordre, même quand il fait les fonctions de cette place ; je suis d'autant moins dans ces cathégories que je n'ai pas exercé les fonctions de chambellan. On voit par là que je n'ai pu vexer mes concitoyens, ni tirer l'épée contre ceux d'une autre opinion, ni m'enrichir avec les fonds publics. Loin de m'enrichir, j'ai sacrifié beaucoup de biens , parce que je jugeois , peut-être avec erreur, qu'il étoit de mon devoir d'agir ainsi dans la position où je me trouvois placé. Mes biens ont été la proie de l'ambition ou de la mauvaise foi , cachées sous le voile du patriotisme, ou du pillage de la soldatesque. Ce n'est pas moins de quinze millions de réaux que l'un et l'autre parti m'ont fait perdre : aussi loin de m'être applicable aucune des trois charges, si la justice de ma cause pouvoit être

---

(1) L'unique commission que le Gouvernement voulut me confier fut la présidence de la Junte Générale de Cuença , que je ne voulus pas accepter. *Voyez* les Gazettes de Madrid de mai et juin 1812, et les Pièces justificatives N.º IX.

écoutée, je me verrois dans le cas de réclamer des indemnités.

La troisième est d'avoir émigré à la suite des drapeaux ennemis, quand ils furent chassés du territoire espagnol.

Les faits rendent fausse cette assertion quant à moi. Je suis parti de Madrid pour éviter les conséquences des convulsions populaires, et non pas pour quitter la patrie et suivre hors de son territoire les drapeaux ennemis : peut-être auroit-on pu éviter de sortir de la capitale ; mais étant sorti par une malheureuse combinaison de circonstances, et dans la persuasion de s'établir temporairement à Valladolid, la volonté n'eut plus aucune part pour se laisser conduire jusqu'en France. On peut se figurer combien elle agissoit avec répugnance dans cette démarche, si l'on songe qu'elle n'étoit pas du tout dans mon intérêt, vu ma position.

Sans aucun emploi militaire, politique, ni administratif, sans être de service au Palais de Joseph, quel pouvoit être le motif d'abandonner volontairement et mes foyers et mes biens et ma patrie ? Pourquoi faire de si grands sacrifices ? Ce n'étoit pas l'amour pour la personne qui représentoit la Dignité Royale, à peine je lui avois parlé dix fois ; ainsi la communication ne pouvoit produire une affection.

Je ne devois aucune reconnoissance à son gouvernement. Il m'avoit arraché jusqu'à l'argenterie de mon service ; il m'avoit privé de ma sœur, qui mourut, par suite d'un violent emprisonnement au couvent de Saint-Domingue, victime de son attachement à Ferdinand VII; il avoit annulé mes *vales* (1), pour avoir négligé de les présenter; parce qu'il me força à échanger mes anciences créances sur l'Etat pour des *cedulas hipothecarias*, un nouveau papier; il ne fit point droit à mes réclamations pour obtenir le paiement de mes créances dans l'Aragon. Enfin, m'ayant adjugé une propriété de main-morte en paiement d'une partie de mes créances, les ordres réitérés de son Ministre des finances me forcèrent à la céder à un colonel français qui l'acheta quinze jours avant l'évacuation.

On voit bien que je n'étois attaché au Gouvernement par aucun motif de reconnoissance ni d'intérêt; celui de la force a donc agi dans la résolution de me soumettre; et en effet, ce fut elle seule qui m'y détermina. Sans cela, si on voyoit qu'un propriétaire, qui ne dépend pas d'un traitement ni d'une pension du Gouvernement, abandonne de son gré ses foyers, ses biens, et toutes les délices de la société, il faudroit en conclure qu'il avoit l'esprit aliéné, et dans ce cas il n'est pas criminel : et, que si son esprit n'est pas égaré, il y a eu quelque motif puissant qui l'a entraîné à faire ce que librement il n'auroit pas fait.

Ce motif puissant, on l'aperçoit dans le système des deux pouvoirs qui étoient en lutte. Le Gouvernement reconnu ne laissoit pas à mon choix le parti convenable à ma position, comme le Roi Don Philippe V

____

(1) Papier-monnoie.

et le Maréchal Suchet à Valence l'avoient permis dans un cas semblable ; on me communiqua à Madrid l'ordre de départ, et il y avoit à craindre qu'en n'obéissant pas je me visse condamné à la même peine qui avoit été imposée aux Grands de la nation, les Ducs de Medina Celi, Hijar, Osuna, etc., parce qu'ils ne firent pas le même sacrifice lors de la retraite de 1808. Il falloit donc obéir, ou bien prendre le même parti que lesdits Grands adoptèrent ; et pour cela, quels étoient mes moyens ?

Si lors de l'occupation des Andalousies et de la dispersion subséquente de la Junte centrale, nous vîmes que le peuple de Séville ordonna de poursuivre et d'arrêter le Comte d'Altamira (1), l'Archevêque de Laodicea, et d'autres Membres de la Junte qui avoient fait tant d'efforts pour la cause de l'indépendance, et qui étoient reconnus pour être les chefs de l'Etat ; que ne devroient-ils pas craindre au moment de l'évacuation, ceux qui, parmi de prétendus patriotes, avoient l'apparence de dissidens.

Les deux gouvernemens nous placèrent dans la cruelle alternative de nous sacrifier ; celui que nous avions reconnu voulant obtenir de notre volonté ce qu'il exigeoit avec violence et qu'on lui accordoit par crainte de la vengeance ; et celui de Cadix ne nous donnant pas un accueil patriotique sous la sauvegarde des lois.

---

(1) *Voyez* le Journal politique de Séville, du 23 janvier 1810.

Dans ce conflit, et d'après ce qui arriva à ceux qui restèrent à Madrid, ce n'étoit pas la volonté qui agissoit ; il falloit qu'elle se rendît à l'empire des circonstances ; les circonstances donc me prescrivirent de partir. La violence étant démontrée, il seroit contraire au bon sens et à la justice de m'accuser d'une démarche que je ne pouvois éviter. Les lois distinguent les actions selon l'intention qui est déduite des actes antérieurs. Qui pourroit douter de mes efforts pour m'éloigner d'un Gouvernement que l'expérience m'avoit fait connoître incapable de tenir à ma patrie la promesse des avantages qu'il lui avoit annoncés, à la faveur de laquelle ainsi que des abdications il voulut paralyser la résistance que la nation opposoit.

J'engageai Don Juan de Dios de la Peña Melendez à me procurer un passe-port, au moyen duquel je voulois partir de Valladolid, où le chef de l'État devoit fixer sa résidence, pour de là me rendre à Cadix ; ce fait est attesté par une procuration passée devant le Notaire Royal Don Claudio Sanz. Je fis la même demande à Don Benito Caraman ; mais mon attente fut trompée, parce que sans nous arrêter à Valladolid, nous fumes conduits à Vitoria ; et sans pouvoir l'éviter, nous nous trouvâmes en France.

Peut-être on m'objectera que cette conduite ne s'accordoit pas avec l'acceptation de la décoration, et que je devois ou ne pas l'accepter (c'est l'opinion de quelques-uns des Espagnols réfugiés), ou bien périr auprès de l'homme que j'avois reconnu. Je répondrai à cette objection que les circonstances me forcèrent, aussi bien que tous ceux qui se trouvoient dans une position semblable à la mienne, d'obéir au gouvernement existant de fait, de prendre part à l'administration du pays, et de porter ses décorations. Sans cette nécessité impérieuse, un seul Espagnol n'auroit pas obéi à une autorité étrangère, et encore moins n'eut point plié sous le despotisme militaire, qui oubliant les conventions et au mépris même de celui qui représentoit la dignité royale, ne donnoit à ses actes que le caractère de la violence. Il n'y avoit pas un seul Espagnol qui ne connût combien nous avions été trompés ; mais le remède étoit difficile, on ne se faisoit plus une illusion sur l'indépendance nationale. Le chef de l'Etat n'étant pas indépendant lui-même, comment pouvoit-il soutenir l'indépendance de la nation ; elle dépendoit de circonstances plus favorables ; des événemens inattendus procurèrent la victoire au gouvernement de Cadix, des lauriers à la nation et la délivrance du Souverain qui nous avoit été ravi par la ruse, ainsi que la liberté individuelle. Devant cette perspective, pourquoi l'homme qui avoit été forcé de succomber au joug étranger par un patriotisme eclairé, ne mettroit-il pas à profit les événemens pour le secouer ? Quel puissant motif de reconnoissance pouvoit étouffer ce désir et nous faire chérir les chaînes qui nous accabloient? La demande ou l'acceptation d'une décoration pouvoit-elle étouffer le sentiment des devoirs de la nature, et entraîner à quitter la patrie, ses biens, des amis, sa famille et tout ce qui rend agréable l'existence de l'homme ? Je n'aurai pas contre moi les personnes qui raisonnent sans passion.

Je citerai l'exemple d'un Roi légitime, Louis XVIII, qui oubliant tout ressentiment, et ayant donné une Charte à son peuple, n'exigea pas un pareil sacrifice des officiers qui lui firent l'offre de leurs services à son départ pour Gand.

Je suspendis la résolution que j'avois formée de me rendre dans mon pays, jusqu'au moment où je pourrois savoir qu'il s'y étoit établi une autorité assez forte pour réprimer les suites de l'anarchie : le souvenir seul des maux que celle-ci m'avoit causés me glaçoit d'effroi. Je m'en étois expliqué dans mes entretiens particuliers. J'ai toujours dit la même chose ; j'en pourrois fournir des preuves à Vitoria et de bien plus convaincantes à Paris. Don Pedro Macanaz, ex-Ministre du Roi, connoît mes opinions depuis le mois de juillet 1813, mes démarches pour obtenir un passe-port du gouvernement espagnol afin de retourner dans ma patrie, et le sacrifice de 3ooo f. à l'égard d'un individu qui me promit de me le procurer (1). Le même M. Macanaz se chargea de présenter cette demande à S. M. qui étoit alors à Valencey. Celui qui cherchoit par tant de moyens à retourner dans sa patrie, à l'instant même de son arrivée à Paris, prouve bien que son émigration

______

(1) M. Le Picard, conseiller au tribunal de cassation, a connoissance de cette déamrche.

n'avoit pas été volontaire, et qu'en tous cas son intention n'étoit pas de retourner avec une armée étrangère,
ni en vertu des traités qui termineroient les différends.
Il faut remarquer qu'à cette époque on pouvoit avoir
des espérances fondées sur l'un et l'autre moyen, dans
un moment où les Français étoient vainqueurs sur les
rives de l'Elbe, et quand l'Autriche ne s'étoit pas encore déclarée.

Je crois avoir répondu aux trois charges sur lesquelles les Cortès fondèrent leur opinion, et avoir
démontré qu'elles ne me regardent nullement. Mais
fussent-elles justes, les raisonnemens et les pièces que
j'oppose fussent-ils insuffisans, encore il ne faut pas
oublier qu'il est question de l'autorité des Cortès que
je n'avois jamais reconnue, et à laquelle conséquemment il ne m'étoit pas possible de manquer. Les
Membres de la Junte centrale abandonnèrent les rênes
du gouvernement vers la fin de janvier 1810, et se
dispersèrent en sortant de Séville ; mais le peuple,
décidé pour la résistance, ressaisit la souveraineté, et
son premier acte fut de déclarer traîtres ceux qu'il
reconnoissoit la veille comme ses maîtres. Peu de jours
s'écoulèrent, et ce même peuple accueillit et fêta le
chef des troupes françaises, et, conjointement avec
Grénade, Jaën et Cordoue, il envoya à Cadix des
députés chargés d'engager les habitans à éviter, par
le moyen de la soumission, les conséquences d'une
inutile résistance. Dans ce conflit, dans cette contra-
riété d'actes, où se trouvoit l'autorité légitime à qui

je pouvois manquer en faisant ma soumission à celui que tout le monde s'empressoit de reconnoître? Dans cette situation, comment ne pas craindre les suites de l'anarchie? Les Cortès ne se formèrent pas avant l'année suivante : après leur installation, je ne résidai jamais dans aucun endroit qui leur fût soumis, et je n'eus pas la moindre connoissance de leurs ordres (1); conséquemment j'ignorois qu'il y avoit une autorité légitime ailleurs que là où l'on me disoit que résidoit celle déléguée par mon Souverain lui-même. Je n'aimois pas celle-ci ; je ne lui avois aucune obligation, au contraire je désirois, et j'étois intéressé à sa dissolution, comme je l'ai démontré. Mais au surplus je l'avois reconnue, et non pas celle des Cortès ; jusqu'à cette époque je ne pouvois manquer à l'autorité des Cortès. Aussi quand j'appris l'existence d'une Régence, je lui adressai un Mémoire, et je défie qu'on me désigne un acte subséquent contraire à cette soumission.

Il est inutile de dire que je ne pouvois non plus manquer à S. M. : j'ai déjà fait voir que Don Pedro Macanaz connoissoit, depuis Juillet 1813, mes sentimens et mon opinion, « qu'il n'y auroit plus de bon-» heur pour l'Espagne sans le retour du Roi. » Il étoit instruit des démarches que je faisois pour y retourner, et bien pénétré de mes principes, puisqu'il sollicitoit en mon nom la main-levée des biens qu'on

____

(1) Si j'en avois eu connoissance, certainemente je ne serois pas entré en France.

m'avoit injustement séquestrés en France. Un personnage employé aussi près de S. M. ne se seroit pas aussi intimement lié avec une autre personne qui différoit de ses opinions ; et à cette époque, je n'y aurois pas moi-même consenti, si par hasard nous n'avions pas été parfaitement d'accord dans nos principes.

Comme il n'existe pas le moindre fondement raisonnable pour m'imposer la peine que je supporte, il semble que la personnalité, se cachant sous le voile du patriotisme, prétend arrêter les justes et bienfaisantes dispositions du Roi par des prétextes politiques : tantôt on fait semblant de craindre l'influence des opinions de ceux qui ont émigré ; tantôt on met en avant que le public ne les verroit pas avec plaisir. Je vais répondre à ces objections.

Parmi les propriétaires, et c'est la classe que j'envisage parce que j'y appartiens, on ne trouve que des hommes crédules ou pacifiques qui préfèrent la soumission aux convulsions horribles qui préludent au changement de constitntion : l'histoire en offre un grand nombre de preuves depuis l'an 1789 ; des hommes qui professent de semblables principes ne peuvent être ennemis d'un gouvernement constitué, ni être suspects qu'aux vrais ennemis du repos, puisqu'ils ont prouvé qu'ils aiment avant tout la conservation de l'ordre.

La seconde objection disparoîtra si l'on veut consulter l'expérience : parmi ceux auxquels la circulaire du 30 Mai 1814 permet de rentrer en Espagne, on en trouvera plusieurs qui, sous la domination de Joseph, ont eu l'avantage de devenir chefs après avoir servi jusques-là en sous-ordre. Ceux-ci sont de retour dans leurs domiciles, et pourtant le peuple n'a enfreint ni les ordres ni la volonté du Souverain ; comment pourroit-on craindre que le peuple les violât au retour des hommes qui n'ont fait que participer aux vexations, et ont été victimes de leur désir de les éviter et d'en garantir leurs personnes et leurs concitoyens ? Les femmes qui suivirent leurs maris se voient privées de la liberté de retourner en Espagne, mais toutes celles qui ont émigré par tout autre motif ont la faculté d'y rentrer, ce qui en effet a eu lieu sans que la tranquillité publique ait été altérée. Comment peut-on craindre qu'elle soit compromise par le retour de quelques femmes dont l'unique faute politique, si toutefois c'en est une, est excusable, puisqu'elles ont rempli leurs devoirs d'épouses.

Ceux qui font cette objection ne se donnent pas la peine de réfléchir que l'animosité qui les entraîne non seulement est très-nuisible aux victimes innocentes de leurs ressentimens, mais qu'elle est en opposition avec la morale et la religion de la nation, et que leur assertion est démentie par les faits que j'ai exposés.

C'est d'après ces faits et ma justification auprès du Roi, que j'espère que S. M. daignera m'accorder sa bienveillance, que j'implore dans l'humble pétition jointe à cet exposé de ma conduite, pour qu'il me soit permis de retourner dans ma patrie, et d'être réintégré dans mes biens et dans les honneurs que j'obtenois en 1808, afin de pouvoir me dévouer tout entier au service de mon Souverain.

Paris, 20 décembre 1815.

Le Marquis D'ARNÉVA.

PIÈCES JUSTIFICATIVES.

N.º I.

La Junte de Gouvernement, instruite dans la séance tenue hier , de la prochaine arrivée de Votre Seigneurie dans cette ville , et ayant égard au zèle patriotique, à l'amour et aux bons sentimens qu'elle a reconnus en Votre Seigneurie , pour le service de Dieu , du Roi et de la patrie, vous a nommé un de ses membres, et elle espère que vous voudrez bien accepter cette nomination et que vous concourrez personnellement à remplir les devoirs auxquels la fidélité et le vasselage nous obligent ainsi que toute la nation. ⸗Dieu garde Votre Seigneurie pendant longues années. Orihuela , 29 mai 1808. ⸗ *Signé* JUAN DE LA CARTE. ⸗A *Monsieur le Marquis* d'Arnéva.

N⁰ II.

Timbre quatrième. Quarante maravédis , an mil huit cent huit. Pour le règne de Sa Majesté Don Ferdinand VII.

ATTESTATION. Je soussigné D.ʳ Don Trinitario Martinez, notaire public par le Roi et l'illustre municipalité de cette ville d'Orihuela, et Adjoint de la Junte particulière du gouvernement de la même ville , certifie que: vu et reconnu le registre des résolutions et des séances de cette Junte, on trouve dans celle du vingt-huit mai dernier un acte dressé, dont la teneur suit :

ACTE. Il est dit aussi : qu'ayant connoissance de la prochaine arrivée dans cette ville du *Très-Illustre* Monsieur le Marquis d'Arnéva, bon citoyen, dont l'amour pour son pays est bien connu par la Junte, on lui annoncera à son arrivée que la Junte verra avec une très-grande satisfaction son adjonction à l'assemblée, dont il a été nommé un des membres.

J'atteste également qu'ayant vu et reconnu la séance tenue le vingt-neuf du même mois de mai et la note des offres volontaires, il résulte : que ledit Monsieur le Marquis d'Arnéva assista de sa personne à cette séance, et qu'il donna les vingt mille réaux qu'il avoit offerts pour les dépenses urgentes qui pourroient survenir.

J'atteste aussi : qu'ayant vérifié la séance tenue le quatre du présent mois de Juin, on y trouve l'ordre de la suprême Junte, de la teneur suivante :

ORDRE. Excellence : la Junte suprême de gouvernement de cette province a appris que le Marquis d'Arnéva a été conduit en qualité de prisonnier chez le Comte de Pino Hermoso, par suite de la nouvelle reçue à Orihuela de ce qui vient de se passer à l'égard du Baron d'Albalat dans cette capitale. La Junte a appris avec surprise cet événement, puisque ce fut elle-même qui chargea le Marquis d'aller dans la ville d'Orihuela pour activer l'enrôlement des citoyens, d'après l'influence qu'on supposoit qu'il pouvoit avoir sur les habitans, soit par ses connoissances, soit par les biens qu'il possède aux environs de la ville. En conséquence elle ordonne que la Junte d'Orihuela fasse publier par ban sur-le-champ dans la ville, que si la Junte suprême chargea le Marquis d'Arnéva d'une commission aussi délicate et aussi importante, ce fut parce qu'elle étoit satisfaite de ses services et bien assurée de sa loyauté ainsi que de ses sentimens patriotiques. = Dieu ait en sa garde Votre Excellence pendant longues années. Réal de Valence, le premier juin mil huit cent huit. = *Signé* le Comte de la CONQUISTA= VICENTE CANO MANUEL. = FRANCISCO XAVIER DE ASPIROS. = A Son Excellence M.ʳ le Président et à MM. les Membres de la Junte de Gouvernement de la ville d'Orihuela.

Il résulte que dans la même séance on convint d'obtempérer aux ordres ci-dessus mentionnés ; il conste que l'illustre Junte résolut dans la séance tenue le 7 du même mois de juin, qu'on procéderoit, comme il étoit ordonné, à la publication du ban, ce qui fut exécuté. C'est ce qu'on peut voir dans le registre des Juntes, qui se trouve dans ce moment en mon pouvoir et auquel je m'en rapporte. Tout ce qui a été inséré ci-dessus est conforme aux pièces originales qui existent dans le registre. Et pour valoir ce que de raison, en conséquence de la décision de la Junte, par réquisition dudit illustre Monsieur le Marquis d'Arnéva, je délivre et signe la présente à Orihuela ce   juin mil huit cent huit. = *Signé* TRINITARIO MARTINEZ.

N.º III.

La Junte suprême accepte avec plaisir l'offre que Votre Seigneurie a fait de ses trois mulets pour le service du train de l'artillerie, de mille onces d'argent, 1,500 réaux par mois, jusqu'à ce que d'autres contributions et de nouveaux incidens ne vous portent quelque préjudice dans vos rentes, persuadée que dans des circonstances plus impérieuses, vous serez tout disposé à faire le sacrifice de votre personne. La Junte dans cette démarche voit de nouveau confirmer

confirmer votre zèle et votre patriotisme, dont elle a été toujours bien convaincue.

La Junte remet aujourd'hui votre lettre originale à la Junte de finances. D'ailleurs vous aurez, dans la commission qui vous est confiée par la Junte de la guerre de vous rendre à Carthagène, l'occasion de manifester vos généreux sentimens.

Dieu vous ait en sa garde pendant longues années. Réal de Valence, ce 7 juin 1808. == *Signé* Le Comte de LA CONQUISTA==l'Archevêque == VICENTE CANO MANUEL == A Monsieur le Marquis d'Arnéva.

N.º IV.

La suprême Junte de Gouvernement de la capitale de ce royaume de Valence dans une lettre officielle du 7 du courant, entre autres choses, me dit ce qui suit :

Quant à ce que vous manifestez relativement aux craintes que vous avez sur la personne du Marquis d'Arnéva, je ne puis vous dire sinon que le service du Roi exige qu'il passe sur-le-champ à Carthagène, afin de remplir la commission urgente dont il a été chargé par la Junte de la guerre, et que lorsqu'elle sera remplie, il doit se présenter pour rendre compte du résultat au Maréchal de Camp Dⁿ Pedro Gonzalez de Llamas, à Almansa, où il attendra de nouveaux ordres de la Junte. On fera connoître cette disposition au Marquis. Ce que je vous transmets pour votre règle et pour votre satisfaction.

Dieu vous ait dans sa garde pendant longues années. Orihuela, 9 juin 1808. == *Signé* == JEAN DE LA CARTE. == A Monsieur le Marquis d'Arnéva.

N.º V.

Don Juan de la Carte, Brigadier des Armées du Roi, Gouverneur d'Orihuela, etc. etc.

Par la présente j'accorde libre passe-port au Colonel retiré, Marquis d'Arnéva, qui va par ordre supérieur rejoindre le corps d'armée de Son Excellence le Comte Cervellon, avec des domestiques, sa voiture et ses chevaux.

En conséquence j'ordonne, etc., etc. Donné à Orihuela, le 22 juillet 1808. = *Signé* DE LA CARTE. = Par ordre de Sa Seigneurie. *Signé* ANTONIO ESQUER. = *Gratis.* = *Bon pour*   jours. N.º 335.

N.º VI.

Le Comte de la Vega del Pozo, qui se trouve à Madrid, chargé de solliciter des fonds pour l'armée, de recevoir les déserteurs qui lui sont présentés par les justices, et de pourvoir à leur entretien, direction, etc. m'ayant fait des instances réitérées pour obtenir d'être relevé de cette commission, je prie V. S. d'aller le remplacer.

Dieu vous ait en sa garde pendant longues années. Au quartier-général de Tudela, le 11 octobre 1808. = *Signé* PEDRO GONZALEZ DE LLAMAS. = Monsieur le Marquis d'Arnéva.

N.º VII.

N.º 1432. = *Gouvernement de Madrid.* = *Carte de sûreté.* = Les postes militaires français laisseront librement passer M. le Marquis d'Arnéva, propriétaire congédié du service avec la seule prérogative de porter l'uniforme et l'épée, âgé de 56 ans, né à....... demeurant à Madrid, rue *del Principe*, n.º 7. Ils lui accorderont protection et sûreté. — M. d'Arnéva est autorisé à porter épée ou sabre et pistolets en voyage. — La présente est valable pour un mois. Madrid, le 1.er mars 1809. Le Général de division, Aide-Major-Général de l'Empereur, Gouverneur de Madrid. AUGUSTE BELLIARD. — Bon jusqu'au 30 avril 1809. Le Général Gouverneur. AUGUSTE BELLIARD. — Bon jusqu'au 30 juin 1809. Le Général Gouverneur. AUGUSTE BELLIARD. — Bon jusqu'au 30 septembre 1809. Le Général Gouverneur. AUGUSTE BELLIARD.

N.º VIII.

Monsieur le Marquis d'Arnéva,

Le Roi a daigné nommer V. S. son gentilhomme de la chambre, par son décret royal dont je vous adresse une expédition. Je vous en fais part pour que ce soit à votre connoissance, et pour votre satisfaction, et je vous préviendrai de l'heure et du jour auxquels vous devrez prêter le serment prescrit par le réglement de la Maison du Roi, sitôt que S. M. les aura désignés. — Dieu vous ait dans sa garde pendant longues années. Madrid, 22 janvier 1810. *Signé* le Marquis de VALDECARZANA. — Monsieur le Marquis d'Arnebar.

Santa-Cruz, 19 janvier 1810.

Joseph Napoléon, par la grâce de Dieu et par les constitutions de l'Etat, Roi d'Espagne et des Indes : — Nous décrétons et avons décrété ce qui suit : Don...... Marquis d'Arnabal, est nommé gentilhomme de la Chambre. — *Signé* MOI LE ROI. — Par S. M., le Sur-Intenant-

Général de la Maison du Roi, le Comte DE MELITO. =
Pour copie conforme. *Signé* le Marquis DE VALDECAR-
ZANA.

NOTA. Je n'ai point prêté le serment dont il est parlé
ci-dessus. La nomination et la lettre d'envoi ne spécifient
point le genre de fonctions attachées à la place. J'étois
Gentil-homme de la chambre avec les entrées, conséquemment ce ne fut qu'une confirmation de l'emploi. La
première assertion peut être vérifiée sur les registres tenus
à cet effet. = *Signé* le Marquis d'ARNÉVA.

Cela est constaté par la pièce qui suit :

Monsieur : = S. M. ayant daigné, par son décret
royal du 4 d'octobre, accorder à V. S. la grâce d'être
son gentilhomme de la chambre, avec les entrées ; et étant
indispensable, pour que cette faveur ait son accomplisse-
ment, que V. S. prête entre mes mains le serment de
fidélité au Roi, je charge ce jour même Son Excellence le
Duc de Castro Piñano, résident à Valence, de le recevoir
dans les siennes ; remettant à V. S. dans la dépêche ci-jointe
la *clef* et les documens convenables aux formalités de cet
acte ; lesquels V. S. ou M. le Duc voudront bien me rendre quand ils seront revêtus des signatures respectives,
pour les déposer dans le bureau du contrôleur général de
la Maison du Roi. En attendant, je félicite V. S. pour
cette bienveillance qu'elle a si justement méritée des bontés de S. M., ce qui m'a fait un grand plaisir, et j'en
aurai un plus grand, lorsque V. S. en obtiendra d'autres
plus signalées, dont je vous crois parfaitement digne.

Notre Seigneur ait V. S. dans sa garde pendant longues
années. San Lorenzo, 26 octobre 1795. B. L. M. de V. S.
Votre très-dévoué serviteur. *Signé* J. LE DUC DE FRIAS.

N.º IX.

Le Roi, étant instruit des motifs que V. S. expose pour se dispenser d'admettre la commission de Président de la Junte générale de la préfecture de Cuença, à laquelle V. S. avoit été nommée, a bien voulu vous en exempter.—Dieu ait V. S. dans sa garde pendant longues années. Madrid, 20 juin 1812. — Le Ministre de l'intérieur. — *Signé* le Marquis D'ALMÉNARA. — M. le Marquis d'Aruéva.

N.º X.

SIRE : — Doña Francisca Bernaldo de Quiros, prosternée aux pieds de Votre Majesté, implore vos bontés. Eloignée il y a deux ans de mes foyers, de mes frères, de mes affections les plus tendres, par l'effet des circonstances malheureuses qui ont eu lieu et qui sont cause que mon époux se trouve ici, je suis sans santé et sans repos dans un pays étranger, où tout me rappelle sans cesse ma patrie, à laquelle mes pères ainsi que mon époux ont rendu des services signalés.

Mes maux et ma douleur s'augmentent dans un moment où la tranquillité, dont ce royaume jouissoit sous l'auguste famille de V. M., vient d'être troublée. Je ne puis vivre ici sans frémir et sans le danger imminent de périr d'angoisse et de chagrin. Je ne vois pas que la présence de ma personne en Espagne soit d'aucune conséquence politique, attendu mon caractère bien connu, la dépendance dans laquelle sont tous mes parens de la bienfaisance de V. M., mon époux n'ayant eu aucune influence dans les affaires publiques pendant votre absence.

Qu'il me soit donc permis, SIRE, de fouler le sol natal ; si V. M. ne juge pas à propos de me laisser rentrer d'abord dans la Capitale , où résident mes frères et toute ma famille, et où se trouvent mes propriétés ; je demande à V. M. la grâce spéciale de pouvoir me rendre à Barcelonne où j'aurois la consolation de respirer l'air de la patrie. C'est ce dont je supplie humblement V. M. , et c'est ce que j'espère, me confiant dans sa générosité et dans sa clémence. En attendant, SIRE, je prie Dieu de conserver Votre précieuse vie pendant longues années. Paris, 17 mars 1815. — *Signé* FRANCISCA BERNALDO DE QUIROS (1).

N.º XI.

Régiment Provincial d'Alicante et Orihuela.

Le Colonel Marquis d'Arnéva, agé de quarante-deux ans, né à Alicante, résident à Valence : sa qualité, noble; sa santé, bonne; ses services, ceux qui suivent.

Epoque à laquelle il commença à servir.				Temps qu'il a servi et combien dans chaque emploi.			
Emplois.	jours	mois	an	Emploi	ans	mois	jours
Colonel.	18	sep.	1798	de Colonel.	2	3	15
Total jusqu'à la fin de décembre 1800.					2	3	13

Régimens dans lesquels il a servi, campagnes et affaires militaires où il s'est trouvé.

Il a rempli dans la marine Royale les emplois de garde-marine et de sous-lieutenant de frégate, depuis le seize

(1) Cette pétition fut adressée à S. M. par l'intermédiaire de son oncle , M. le Marquis de Campo Sagrado , Ministre de la guerre actuellement , et alors Capitaine-Général de la Catalogne.

novembre 1770 jusqu'au onze mars 1776, époque à laquelle sa retraite lui fut accordée par ordonnance du Roi du dix août. Il obtint, d'après sa demande, d'être rétabli dans son emploi pour servir pendant la guerre déclarée l'an 1779 jusqu'à la conclusion de la paix. Alors Sa Majesté en récompense de ce service, par son ordonnance Royale du 23 décembre 1793, l'autorisa à porter l'uniforme de marine avec la décoration de capitaine de frégate. Etant garde-marine, il resta à bord de la frégate *Sainte-Thérèse* depuis le dix-sept novembre 1772 jusqu'au vingt-trois mars 1773. Comme sous-lieutenant de frégate dans le *Xabeque Gavrota*, depuis le quinze avril 1773 jusqu'au vingt-quatre février 1776, il se trouva aux sièges de Melilla et de Gibraltar, dans l'expédition d'Argel et au débarquement du huit juillet 1775, commandant la chaloupe de sa frégate pour le débarquement et le rembarquement des troupes, dès le moment du premier débarquement jusqu'à neuf heures du soir. Par suite de son rétablissement dans son grade, il s'embarqua le 21 novembre 1779, sur le vaisseau de guerre *San Justo*, appartenant à l'escadre commandée par Don Juan de Lángara, jusqu'au 9 janvier 1780, qu'il passa à bord du gaillot *Jowen*, capitaine Gelf, puis au cap de Saint-Vincent, dont le commandemant lui fut confié. Sur le *Xabeque* Mayorquin, depuis le 15 mars 1780, jusqu'au 24 octobre 1781, il eut part au combat et à la prise de la frégate-corsaire de 36 canons, nommée alors l'*Empereur*, et après *le Salazar*, le 18 juin 1780; au blocus de Gibraltar, sur le même Xabeque : par brevet du Roi, donné à San Ildefonso, le 8 septembre 1794, il fut nommé commandant des volontaires de l'étendue du gouvernement d'Orihuela.

Commissions : Celle de former des bataillons de volontaires et des compagnies de cavalerie ; ce qui non seulement eut lieu ; mais en deux mois il habilla, arma et
instruisit sept cents hommes qui furent au-devant du
Capitaine Général du Royaume de Valence, à son arrivée
à Orihuela, comme il conste par la lettre du 1.er novembre 1794, qui exprime l'admiration du général. Pour
y parvenir, il avoit avancé des fonds considérables, il
donna sur-le-champ 200 fusils, 40 mille réaux, et ensuite
tout ce qu'il falloit pour porter ce corps au complet et payer
un franc par jour aux soldats qui faisoient le service. Lors
du licenciement de ce corps, il restoit près de 400 habil-
lemens, autant de fusils, etc., etc., qui avoient été
fournis par lui et les officiers ; il en fit l'offre à S. M.,
qui daigna l'accepter d'après la lettre d'avis du Capitaine-
Général, de l'ordre du 28 juin 1799. Il fut chargé d'exécuter la réforme de ces bataillons qu'il commandoit, et de
ceux de Xijona et d'Alicante, pour les réduire à deux,
ou à un seulement, selon l'ordre du Roi du 16 janvier
1795, et il s'acquitta de cette mission de manière à obtenir l'approbation de toutes ses dispositions.

Après avoir dirigé les détachemens employés à arrêter
la foule de contrebandiers et de malfaiteurs qui infes-
toient le Royaume de Valence, un ordre du Roi, du 20
août 1795, lui prescrivit d'aller à Carthagène, et de prendre connoissance des plaintes portées par le gouverneur
de cette ville, le Comte de la Conquista, contre le major
de la Place et lieutenant-colonel, Don José Abar ; il instruisit le procès jusqu'à la conviction de l'accusé, et il en
obtint l'approbation. Ensuite il fut chargé de la formation
du régiment provincial d'Alicante et d'Orihuela, et de la
direction

direction des détachemens destinés de nouveau à poursuivre les malfaiteurs et les contrebandiers. En 1798, il fit
le don à S. M. de 5 mille réaux, d'après une lettre du
Ministre des finances, datée le 16 février. S. M. ayant
nommé une commission pour surveiller l'entreprise
importante d'ouvrir un port dans le Grao de la ville de
Valence, il fut l'une des deux personnes décorées d'un
titre de Castille, que le Roi nomma membres de la commission. *Signé* JUAN DE HORBEGOSO.

FIN.

NOTE EXPLICATIVE.

On pourroit ajouter à la réponse faite au premier chef d'accusation des Cortès (p. 16 de cette Exposition), que je n'ai pás apprécié la validité des abdications, mais seulement les ordres des autorités dans lesquelles S. M. plaça sa confiance au moment de son départ du royaume d'Espagne. Celles-ci pouvoient agir librement, et je devois supposer que ce qu'elles ordonnoient étoit le plus convenable aux intérêts de la Patrie ou à la sûreté personnelle de mon Souverain légitime. On trouve dans l'histoire beaucoup d'exemples qui prouvent que ceux qui sont Rois par droit de succession ont reçu des actes d'obéissance, même lorsqu'ils étoient privés de leur liberté. Saint Louis en Syrie, et François 1.er à Madrid, signèrent des traités que les Français exécutèrent. Peut-on dire qu'il n'aime pas son Roi et sa Patrie, celui qui fait des sacrifices pour améliorer leur sort ? Aime-t-il son Roi légitime, celui qui prétend que les traités du Prince ne peuvent être exécutés sans la sanction nationale ? Aime-t-il son Roi, celui qui, sous prétexte de le servir, et en son propre nom, défend même aux armées de prendre la dénomination d'armées royales ? Aime-t-il son Roi, celui qui met des entraves au retour du Prince au trône de ses ancêtres, et qui prolonge son emprisonnement, en déclarant qu'il faut qu'il signe une constitution et qu'il reconnoisse tout ce qui a été fait sans son consentement pendant son absence ? Pourtant il ne restoit d'autre ressource que celle d'agir avec prudence, pour ne pas compromettre l'existence royale, qui dépendoit de son oppresseur, ou celle de se soumettre au gouvernement qui, sous le nom du Roi, le dépouilloit de ses prérogatives et des droits même qu'il prétendoit défendre.

On en voit la preuve dans la constitution faite à Cadix. Qu'on compare cette constitution à la charte octroyée par Louis XVIII, Prince qu'on ne saura jamais louer assez, et l'on verra ce qu'on doit penser de l'accusation formé par ceux qui firent la constitution de Cadix.

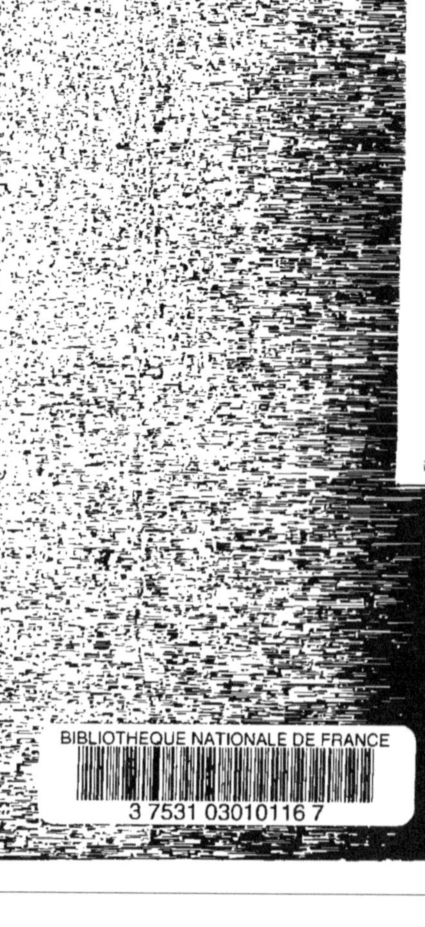